EL TITANIC

Un transatlántico de leyenda

Por Romain Parmentier
En colaboración con Christelle Klein-Scholz
Traducido por Marina Martín Serra

Historia en50MINUTOS.es

EL TITANIC

- **¿Cuándo?** La noche del 14 al 15 de abril de 1912
- **¿Dónde?** En el noroeste del Atlántico
- **¿Contexto?** La Belle Époque (la era de los transatlánticos)
- **¿Protagonistas?**
  - Edward John Smith, marinero británico (1850-1912)
  - Thomas Andrew, arquitecto naval británico (1873-1912)
  - Joseph Bruce Ismay, hombre de negocios británico (1862-1937)
- **¿Repercusiones?**
  - La nueva legislación en materia de seguridad marítima
  - La creación de la patrulla internacional de los hielos
  - El nacimiento de un mito alrededor del Titanic

Gigantesco, lujoso, espléndido, insumergible: desde su creación, los mejores adjetivos califican al Titanic. Para los viajeros de principios del siglo XX, no cabe duda: el navío, obra maestra de la industria, es efectivamente el mayor transatlántico del mundo. Joya de la compañía marítima White Star Line, el destino del Titanic, por su lujo y su tecnología avanzada, es aplastar los barcos de las compañías rivales en la travesía atlántica que conecta el Viejo Continente con Nueva York.

El 10 de abril de 1912, el navío inicia su viaje inaugural, con Edward John Smith al mando, un veterano del mar que confía plenamente en las capacidades del transatlántico. A bordo, hay 2200 pasajeros y miembros de la tripulación, entre los que se encuentran las celebridades de la época. Todos imaginan que vivirán una travesía de ensueño, sin saber que el orgulloso transatlántico está abocado al fracaso.

El 14 de abril de 1912, cada vez a una velocidad mayor, el Titanic se dirige hacia una zona de hielos a la deriva. Aunque los mensajes de advertencia no paran de alertar del peligro que se dibuja en el horizonte, no se tienen realmente en cuenta. Pero a las 23:40 horas, los vigilantes constatan que la nave se dirige contra un iceberg. A pesar de la rapidez de la reacción de la tripulación, el Titanic choca con el hielo a estribor. Los daños son enormes y solamente hay 1178 plazas disponibles en los barcos salvavidas. Está a punto de ocurrir una de las peores tragedias marítimas de la historia.

CONTEXTO

LA EUROPA DUEÑA DEL MUNDO

El Titanic por sí solo no puede resumir el contexto de su época. Sin embargo, las analogías entre la trágica suerte de este transatlántico de lujo y la perdición inminente de la sociedad europea, que se dispone a despedazarse contra el iceberg de la Gran Guerra (1914-1918), son numerosas. Como el navío, la Europa de finales del siglo XIX y de principios del siglo XX es realmente la dueña del mundo. En pocas décadas (1830-1870), su economía se transforma para siempre con la Primera Revolución Industrial (hierro, carbón y máquina de vapor). A esta última le sucede, a partir de 1896, una segunda revolución que inaugura la era del petróleo, del acero y de la electricidad. El capitalismo se convierte en rey en el Viejo Continente que, como consecuencia de estos grandes cambios, ve cómo su demografía se dobla en apenas 50 años.

Este increíble crecimiento económico y demográfico lleva a Europa a volverse hacia el resto del mundo: el Viejo Continente ya no dispone de los recursos alimentarios y de las materias primas necesarias para crecer. Así pues, necesita buscar nuevos mercados que le proporcionarán recursos, pero también consumidores. Este contexto conduce a Europa al colonialismo y al imperialismo. África y Asia son las víctimas de esta nueva colonización que ve cómo las potencias europeas se disputan cada parcela de su territorio. En 1900, el Viejo Continente domina verdaderamente el mundo con sus colonias, hasta el punto que un habitante de cada cuatro en el mundo vive en un territorio perteneciente a Inglaterra. Los Estados Unidos y Japón son los únicos que se escapan a esta hegemonía.

Al final de este proceso de expansión, Europa somete al resto del mundo imponiéndole sus valores, sus políticas y su industria. En detrimento de los pueblos que coloniza, acapara todas las riquezas y redistribuye sus productos, aumentando sus beneficios inexorablemente. El mundo ahora está organizado por y para ella. Sin embargo, la búsqueda continua de riquezas genera desigualdades y divisiones entre las naciones europeas hasta el punto de que la guerra parece inevitable.

LA EFERVESCENCIA DE LA BELLE ÉPOQUE

Empujados por las innovaciones energéticas y técnicas, los diferentes países industrializados desarrollan, a finales del siglo XIX y a principios del XX, una verdadera cultura del progreso que incita a inventores e ingenieros a ampliar sin cesar los límites de lo posible. Los hombres de la Belle Époque demuestran un optimismo sin igual respecto a las ciencias y la tecnología que, a cada avance, mejora el día a día para un futuro cada vez más prometedor.

El «hada electricidad», actualizada en 1879 por la invención de la bombilla eléctrica incandescente de Thomas Edison (inventor estadounidense, 1847-1931) hace así su aparición en las grandes ciudades, acompañada por la dinamo o incluso por la telegrafía sin hilos (T.S.H). Asimismo, los primeros aparatos electrodomésticos como los pulidores eléctricos, o los primeros aparatos telefónicos de Graham Bell (inventor y físico estadounidense, 1847-1922) surgen a finales del siglo XIX. El arte del entretenimiento no se queda al margen, con la invención del cine y del fonógrafo. Por último, la ciencia en general y la medicina en particular, progresan enormemente gracias a la teoría de la relatividad de Albert Einstein (físico estadounidense, 1879-1955), los descubrimientos de la radiactividad de Marie Curie (física francesa, 1867-1934) o incluso en el campo de los rayos X o farmacéutico. La higiene se vuelve esencial para la medicina, y el uso de cloroformo ahora permite la anestesia general.

Thomas Edison y su fotógrafo, 1878.

Así pues, todos los ámbitos de la sociedad se ven trastornados por los progresos de la Belle Époque. Sin embargo, todas las fuentes de energía van a contribuir a un fenómeno en particular: el de la eliminación de las distancias.

LA ERA DE LOS TRANSATLÁNTICOS

En este mundo en plena efervescencia, los ingenieros compiten por los medios para crear transportes cada vez más rápidos, y con un máximo de capacidad. Efectivamente, el increíble crecimiento económico del siglo XIX impulsa a los industriales a enviar mercancías, pero también informaciones y hombres a través del mundo, lo más rápido posible. Desde los años 1830, la red de ferrocarriles se extiende para acercar los territorios más alejados. A continuación, es relevada por los tranvías en las ciudades que se electrifican. A finales de siglo, el automóvil realiza su aparición y, con la invención del trabajo en cadena, simbolizado por el Ford T del industrial Henry Ford (1863-1947), se convierte en uno de los primeros objetos de consumo de masas. Finalmente, la aviación da sus primeros pasos con la invención del avión motorizado de los hermanos Orville Wright (1871-1948) y Willbur Wright (1867-1912).

Ford T, 1910.

No obstante, estos medios de locomoción todavía no se han desarrollado lo suficiente como para conectar todos los rincones del mundo. En este ámbito, la vía marítima sigue siendo la más eficaz. Los grandes clíperes son sucedidos por los inmensos transatlánticos capaces de transportar miles de mercancías y pasajeros —ya sean ricos, funcionarios o simples inmigrantes. Símbolo de la fuerza industrial, los transatlánticos son también fruto de una rivalidad encarnizada entre los hombres de negocios para producir las naves más lujosas, más grandes y más rápidas. Incluso se le otorga una recompensa, la Banda Azul, al navío más rápido, muestra de la competición que libran entre ellos los armadores. Durante la primera mitad del siglo XIX, las compañías marítimas abren la ruta transatlántica, cuya línea más prestigiosa es la que conecta el Viejo Continente con Nueva York. A principios del siglo XX, no menos de 150 transatlánticos realizan esta conexión. Pueden alcanzar los 200 metros de largo y su velocidad llega ya a los 23 nudos (alrededor de 40 km/h), lo que reduce el trayecto a seis días.

En este contexto, la compañía White Star Line, creada en 1840, se embarca en 1907 en el proyecto de construir el navío más grande y lujoso que el mundo haya conocido jamás. El navío llevará el nombre de Titanic, simbolizando las mentalidades de la época y su prestigio.

EDWARD JOHN SMITH, VETERANO DEL MAR

Edward John Smith, 1912.

El navegante con más experiencia de su época en el Atlántico Norte, Edward John Smith, es el comandante del Titanic durante su viaje inaugural. Nacido en Hanley, Inglaterra, el 27 de enero de 1850, pronto demuestra pasión por la navegación y deja la escuela con 13 años para introducirse en el mundo marítimo. Empieza como grumete en las naves, y obtiene su certificado de capitán en 1875. Cinco años después, entra en la White Star Line.

En 1887, Edward John Smith ejerce de comandante por primera vez. En total, no menos de 17 navíos navegan bajo sus órdenes. El capitán, hábil gracias a su experiencia en el mar, es nombrado comandante de la flota de la White Star Line en 1904. Entonces, efectúa sistemáticamente los viajes inaugurales de los nuevos transatlánticos. Asimismo, su fama de hombre tranquilo y fiable hace que se gane la simpatía de los pasajeros, hasta tal punto que algunos solamente quieren viajar con él. La trayectoria del capitán es realmente excelente, a excepción de un viaje del Olympic en 1911, en el que el navío choca con el crucero Hawke de la Royal Navy. Pero este incidente no mancha en absoluto la reputación del capitán que, en abril de 1912, es naturalmente designado comandante del Titanic.

El 10 de abril, en el momento de la salida, el comandante evita por poco una colisión con el navío New York, succionado por la fuerza del Titanic a la salida del puerto. El resto del viaje transcurre sin problemas, hasta la noche del domingo 14 de abril. Después de haber oficiado la misa y pasado tiempo con sus pasajeros, se marcha a descansar a su camarote, pidiendo que se le despierte si hay algún problema. Sin embargo, a las 23:40 horas, el Titanic se choca contra un iceberg. Ante el inevitable hundimiento del transatlántico, Edward John Smith ordena el envío de señales de socorro y la evacuación del navío. Hacia las 2 de la mañana, el capitán da sus últimas órdenes, dejando así la comunicación por radio. Nadie sabe lo que le ocurrió a continuación, solamente que descansa con el Titanic.

THOMAS ANDREWS, EL DISEÑADOR

Nacido el 7 de febrero de 1873 en Comber, en Irlanda del Norte, Thomas Andrews es un arquitecto naval de renombre, diseñador del Titanic. Apasionado por los navíos, deja la escuela a los 16 años, en 1889, y se convierte en aprendiz en los astilleros Harland & Wolff de su tío lord William James Pirrie (hombre de negocios irlandés, 1847-1924). El joven no recibe ningún trato de favor, por lo que pasa por los distintos departamentos del astillero hasta llegar finalmente al de los diseñadores. En él hará sus pruebas y materializará su proyecto de carrera. Una vez termina su periodo de aprendizaje, va escalando posiciones realizando numerosos proyectos para compañías marítimas, entre las que se encuentra la White Star Line, y termina convirtiéndose en director general de los astilleros en 1905.

Puesto que su empresa se encarga de la construcción del Titanic, Thomas Andrews se convierte en su arquitecto y supervisa su construcción, desde la sala de máquinas hasta los camarotes de primera clase. El 10 de abril de 1912, participa en el primer viaje de su transatlántico. El arquitecto, acompañado por un grupo de garantía del astillero, se encargará de velar por el buen funcionamiento del navío y de identificar las imperfecciones. Durante todo el viaje, recorre el Titanic sin descanso, buscando las eventuales modificaciones que se tengan que hacer.

Cuando el navío choca contra el iceberg, Thomas Andrews se encuentra en su camarote. Sin embargo, el capitán lo informa inmediatamente de la situación y, juntos, van a evaluar los daños. Al descubrir que cinco compartimentos del Titanic están inundados, el arquitecto es el primero que comprende que el navío está perdido y recomienda evacuar a los pasajeros de inmediato. Durante las últimas horas del transatlántico, Thomas Andrews demuestra una actitud ejemplar al ayudar sin cesar a los viajeros, mandándolos hacia los botes salvavidas. Fue visto por última vez en el salón para fumadores de primera clase, esperando, pensativo, lo inevitable.

JOSEPH BRUCE ISMAY, PRESIDENTE DE LA WHITE STAR LINE

Joseph Bruce Ismay, 1912.

Hombre de negocios, el presidente de la White Star Line nace el 12 de diciembre de 1862 en Crosby, Inglaterra, y se encuentra en el origen de la construcción del Titanic. Hijo de Thomas Henry Ismay (1937-1899), el fundador de la compañía, sigue naturalmente los pasos de su padre. Después de su trayectoria escolar, el joven hombre es aprendiz durante cuatro años en la White Star Line. Una vez terminada la formación, continúa trabajando allí y sucede a su padre en 1899 a la cabeza de la empresa.

En la línea de su predecesor, Joseph Bruce Ismay da prioridad a la construcción de transatlánticos gigantescos, lujosos y seguros. En 1907, decide construir tres nuevos barcos, llamados de clase «Olympic» (El Olympic, el Titanic y el Gigantic, finalmente renombrado Britannic). En semejantes transatlánticos, rechaza añadir más botes salvavidas de lo que marcan las cuotas legales para evitar que los pasajeros se asusten.

Como presidente de la compañía, participa igualmente en el viaje del Titanic. En el momento del naufragio, el hombre de negocios hace todo lo posible para evacuar a los pasajeros y termina subiendo en un bote. Su supervivencia le valdrá numerosas críticas pero, a falta de elementos para incriminarlo, la justicia no lo investiga. Sin embargo, es destituido de su cargo como presidente de la White Star Line.

Muere el 15 de octubre de 1937 en Londres.

EL ÚNICO VIAJE DEL TITANIC

LOS DELIRIOS DE GRANDEZA

En el inicio del siglo XX, la competencia entre las compañías marítimas es dura. En 1907, la compañía británica Cunard Line lanza dos súper transatlánticos, el Lusitania (31 550 toneladas) y el Mauretania (31 938 toneladas), que se convierten en los navíos más grandes y más rápidos del mundo. Frente a esta nueva etapa en el gigantismo, la White Star Line está decidida a superar el desafío y pone inmediatamente en marcha el proyecto de la construcción de tres enormes naves destinadas a superar a las de la empresa competidora, no en términos de velocidad sino de grandeza, lujo y seguridad. Una de ellas es el Titanic.

La construcción del transatlántico comienza el 31 de marzo de 1909, en los astilleros Harland & Wolff de Belfast. Las obras avanzan rápidamente y, en poco más de dos años, se termina el casco, formado por 2000 placas de chapa de acero y por más de tres millones de roblones. A la vanguardia de la modernidad, esta posee un doble fondo y cabe destacar que está dividida en 16 compartimentos estancos, separados por mamparos, lo que hace que en general se piense que la nave es insumergible. El equipamiento y la preparación se terminan en marzo de 1912. Tras estos tres años de trabajo, el Titanic aparece como el navío más gigantesco que haya salido a flote, con 269,10 metros de largo por 28,19 metros de ancho y un peso de 46 329 toneladas.

Pero lo que realmente alimenta el imaginario de la época

es, sobre todo, el lujo y el confort que reinan en el interior del transatlántico. Los pasajeros de primera clase disponen de verdaderos apartamentos, dignos de las mejores suites de hotel, con todas las comodidades necesarias, y están decorados con diferentes estilos, desde el Renacimiento hasta el estilo Imperio. Igualmente, tienen acceso a magníficas cubiertas de paseo y a las suntuosas escaleras coronadas por una cúpula de cristal que conectan con los diferentes niveles del navío. La segunda y tercera clase, aunque están en camarotes más pequeños, incluso dormitorios, no se quedan atrás y la comodidad de sus instalaciones supera con creces la primera y segunda clase de los otros barcos. Cada clase tiene su comedor, con excelentes restaurantes, pero también sus salones para fumadores y sus bibliotecas. Asimismo, el navío dispone de su propio gimnasio, de una piscina y de baños turcos.

El transatlántico también está a la vanguardia de la tecnología, ya que cuenta con una instalación eléctrica remarcable, que rivaliza con las centrales de muchas ciudades, para alimentar lámparas, radiadores, teléfonos y otros ascensores. Del mismo modo, el navío pretende ser lo más seguro posible, con su propia estación de telegrafía sin hilos, llamada Marconi. Su único fallo es que solamente tiene 16 botes salvavidas y 4 plegables para un total de 1178 pasajeros.

Finalmente, esta verdadera ciudad flotante dispone de más de 890 miembros de la tripulación, entre los que hay 66 marineros de cubierta, 69 empleados de los restaurantes, 325 mecánicos y 431 personas encargadas del cuidado de los pasajeros. El 2 de abril de 1912, el Titanic recibe su certificado de navegabilidad tras haber superado sus primeras pruebas en el mar. El súper transatlántico está listo para su viaje inaugural.

«EL OCÉANO ES EL ÚNICO PAISAJE HASTA DONDE ALCANZA LA VISTA»

Salida del Titanic desde Southampton, 10 de abril de 1912.

El miércoles 10 de abril de 1912, el Titanic sale del puerto de Southampton (sur de Inglaterra). Al mediodía, resuenan los silbidos y, bajo el clamor de cientos de personas, el transatlántico, del que tiran cinco remolcadores, empieza a moverse. Apenas ha comenzado su viaje, el súper transatlántico se pone en peligro. Al salir del puerto, el Titanic pasa delante de dos otros navíos abarloados: el Oceanic y el New

York. El volumen de agua movido por el Titanic es semejante que el New York se ve literalmente aspirado por el gigante, hasta el punto de romper sus amarras y de ver cómo su popa deriva hacia el transatlántico recién estrenado. Por suerte, en el momento en el que todos piensan que la colisión será inevitable, el piloto ordena que se paren las máquinas y un remolcador consigue recuperar una amarra del New York, impidiendo el abordaje a menos de un metro. Para muchos, sin embargo, este incidente es un mal presagio.

La salida se retrasa una hora, y el Titanic todavía tiene que hacer dos escalas antes de poder empezar su travesía, para embarcar a nuevos pasajeros. La primera se hace en Cherbourg (Francia), donde el transatlántico llega a las a las 18:35 horas. Sin embargo, sus imponentes dimensiones no le permiten entrar en el puerto, con muelles demasiado pequeños. Dos transbordadores de la White Star Line se encargan, así, de desembarcar a 22 pasajeros y de llevar a 274 otros hasta el Titanic. Una hora y media después de su llegada a Cherbourg, el navío vuelve a emprender su periplo, esta vez en dirección a Queenstown (Irlanda), donde llega el día siguiente a las 11. De nuevo, el navío se ve obligado a anclar fuera del puerto, haciendo desembarcar a 8 pasajeros y volviendo a embarcar a 120.

Después de estas dos escalas, el Titanic cuenta con 1317 pasajeros a bordo. Sin embargo, el transatlántico está medio vacío, ya que tiene capacidad para acoger hasta 2604 personas; este fenómeno es corriente en esa época. Para los viajeros, el estreno de un nuevo barco va ligado con eventuales problemas técnicos y con un personal que no tiene un buen conocimiento de las nuevas instalaciones. No obstante, el navío puede presumir de contar con verdaderas celebridades a bordo, como John Jacob Astor IV (1864-1912), un hombre muy rico gracias a su imperio financiero e inmobiliario, Benjamin Guggenheim (1865-1912), magnate americano de las minas, Lucy Duff Gordon (1863-1935), estilista inglesa de renombre o, incluso, Margaret Brown (1867-1932), recién convertida en millonaria.

Finalmente, a las 13:30 horas, el Titanic está listo para su gran travesía y se aleja progresivamente de las costas de Irlanda, con la inmensidad del océano como único paisaje que se abre ante él. Todos los pasajeros ignoran entonces que muchos nunca más volverán a ver tierra firme. Pero en ese momento, no podrían soñar con mejores condiciones de viaje.

ICEBERG, ¡JUSTO DELANTE!

El Titanic funciona de maravilla. Por lo menos, esto es lo que constata Thomas Andrews, que solamente realiza algunos pequeños ajustes en la calefacción de algunos camarotes. Asimismo, el navío se inclina ligeramente a babor a causa de un mal equilibrado de las reservas de carbón, pero esto no tiene ninguna consecuencia para el viaje. Durante los días siguientes, el tiempo es espléndido. El sol brilla desde el amanecer hasta el anochecer, en medio de un cielo azul impoluto. El mar está en calma y el viento es ligero, lo que favorece los largos paseos en la cubierta.

Pero este tiempo radiante, tan placentero para los pasajeros, resultará mucho más problemático para los pilotos del navío. El suave invierno en el Gran Norte ha hecho desprenderse importantes capas de hielo de Groenlandia. Sin embargo, las temperaturas más frías en el sur han impedido que se fundan. Así pues, delante del Titanic se perfila un verdadero mar de icebergs, y las advertencias no tardan en llegar: alertan al transatlántico sobre la presencia de hielo entre 46° y 41°30' de latitud norte, y de 51° a 40°40' de longitud oeste. El comandante no hace caso de estas advertencias y continúa acelerando.

El domingo 14 de abril el día, tan bonito como los otros, empieza con una ceremonia religiosa, oficiada por el propio comandante para los pasajeros de primera clase, y luego transcurre con normalidad, con la única excepción de que la temperatura está bajando. Los pasajeros disfrutan también de los salones del navío. En la sala del telégrafo, no obstante, el ambiente es otro. Desde las 9 de la mañana, los operadores reciben cada vez más avisos sobre la presencia de icebergs. Durante el día, se reciben por lo menos siete mensajes, el último de los que llegará a las 23 horas. No obstante, por falta de tiempo y en la ausencia de los principales oficiales que están dispersados por el navío, solamente se le comunica uno de estos mensajes al comandante, que participa en una cena organizada en su honor, y al puente de mando del piloto. Asimismo, casi todos los oficiales de guardia ignoran que el Titanic se dirige rápidamente hacia una zona de hielo, a una velocidad de 22,5 nudos.

El mar está en calma ese 14 de abril, lo que lleva al comandante a creer que un iceberg se vería rápidamente. Sin embargo, en una noche sin luna, sin olas ni viento para rebotar en el hielo, se produce todo lo contrario. En su castillo de proa, a 15 metros de alto, los dos vigilantes observan el horizonte, con una temperatura de 0 ºC. A las 23:40 horas, se quedan helados: una masa oscura cada vez mayor aparece a lo lejos. Sin dilación, hacen sonar la campana y llaman al puente de mando gritando: «Iceberg, ¡justo delante!». El primer oficial, William Murdoch (1873-1912), ordena enseguida al piloto que coloque el timón a babor, antes de comunicar a la sala de máquinas que paren inmediatamente el navío y den marcha atrás. A pesar de la rapidez de las órdenes, el navío, demasiado grande para su timón, vira muy lentamente a babor: el choque con el iceberg avistado a 450 metros parece inevitable. Aunque la parte superior del Titanic esquiva el obstáculo, la parte baja del casco no tiene la misma suerte. En cerca de 90 metros, el transatlántico rasca el hielo de la parte sumergida del iceberg. Bajo la presión del choque, las placas de chapa se tuercen y hacen saltar los roblones. Seis brechas destripan ahora al Titanic.

LAS MUJERES Y LOS NIÑOS PRIMERO

Mientras que el iceberg todavía desfila por el casco, el oficial William Murdoch acciona inmediatamente el cierre de las puertas estancas del casco. El comandante Edward John Smith sale igualmente de su camarote y envía a hombres para que comprueben los daños antes de ir él mismo, acompañado por Thomas Andrews, hacia las profundidades del barco. La mayoría de pasajeros no se dan cuenta de la colisión, como máximo notan una ligera sacudida. Sin embargo, la situación es mucho peor en las profundidades. Los cinco primeros compartimentos del Titanic, entre los que se encuentra la caldera n.° 6, han sido golpeados, y las trombas de agua penetran en ellos. Los mecánicos, sumergidos, solamente tienen unos pocos segundos para evacuar el lugar una vez se pone en marcha el cierre de puertas.

Frente a tal desastre, Thomas Andrews es el primero en darse cuenta del destino que le espera al Titanic. El transatlántico está construido para poder seguir a flote con cuatro compartimentos inundados. Sin embargo, hay cinco que están llenos de agua. Las puertas estancas, más allá del cuarto compartimento, no llegan más arriba del punto E (último nivel antes de la sala de máquinas), por lo que el agua simplemente pasará por encima de los mamparos, sumergiendo inexorablemente los compartimentos, uno tras otro. El arquitecto, consciente de la catástrofe humana que va a producirse, anuncia al comandante que el transatlántico que creía insumergible está a punto de hundirse. Según los cálculos, al gigante de los mares le queda una hora, o quizás dos.

Entonces, el comandante toma decisiones rápidas. Primero, ordena a los mecánicos que evacúen el vapor de las calderas para evitar explosiones, guardando la presión suficiente para mantener la electricidad. A continuación, reúne a la tripulación para preparar los botes salvavidas y reunir a los pasajeros en el puente. En el puesto del telégrafo, ordena finalmente a los operadores que manden inmediatamente mensajes de socorro dirigidos a todos los navíos que se encuentren cerca. El mensaje «MGY [siglas que identifican al Titanic], CQD CQD [*come quickly distress*]. Venid inmediatamente. Hemos chocado con un iceberg. Posición 41,44N.

50,24O»[1] se envía decenas de veces. El Carpathia es el primero en encaminarse para socorrer al Titanic, pero tardará cuatro horas en llegar. Sin embargo, se perciben a lo lejos las luces de otro navío, pero el barco fantasma —seguramente un barco de contrabando— permanece insensible a las llamadas y a los cohetes de socorro del Titanic. Desaparece en la oscuridad de la noche y abandona al transatlántico a su suerte.

Los pasajeros viven una situación de confusión. Muy pocos han visto el iceberg y todos se creen a salvo en el transatlántico más seguro del mundo. Hay que remarcar que el personal no ha sido formado para la evacuación del navío. No obstante, poco a poco, se reúne a los pasajeros en la cubierta, la primera clase a la cabeza, en medio del ruido infernal del vapor que silba a través de las chimeneas. A las 00:25 horas, mientras el transatlántico empieza a inclinarse hacia adelante, el comandante ordena el embarco en los botes. Como marca la tradición, primero se invita a subir a las mujeres y a los niños, aunque algunos hombres también tienen la suerte de subir en un primer momento.

Con las prisas, se cometen varios errores. Los botes tienen capacidad para 65 adultos, pero solamente se ocupan la mitad de sus plazas o menos. A las 00:45 horas, el primero desciende con solamente 28 pasajeros a bordo. A medida que el tiempo pasa, los otros pasajeros, estupefactos, comprenden lo que está a punto de ocurrir, y se desata el pánico. En la cabina del telégrafo, los operadores deciden

---

1. Cita traducida por 50Minutos.es

enviar la nueva señal de socorro, el primer SOS (*Save Our Souls*) de la historia. Dándose cuenta de la urgencia de la situación, algunos pasajeros se convierten en verdaderos héroes, a semejanza de los *gentlemen* que pasan sus últimos instantes salvando el mayor número posible de mujeres y niños o, incluso, de los hombres de la orquesta que, sin cese, intentan apaciguar los últimos momentos de centenares de personas atrapadas en el Titanic.

LA DESAPARICIÓN DEL TITÁN

Hacia la 1:45 de la madrugada, los 16 botes del Titanic están en el mar y se alejan gradualmente de la nave. Solamente quedan cuatro botes plegables, y únicamente dos de estos se hacen a la mar: el bote C, a la 1:45, y el D, a las 2:05. Los otros dos se caen por la borda, bajo el efecto de la inclinación de la nave, cada vez más fuerte, y van a la deriva, salvando a varios nadadores. El pánico a bordo en ese momento es absoluto, lo que amenaza el descenso de los últimos botes. Los oficiales se ven obligados a restaurar el orden bajo la amenaza de los revólveres. Después de la salida del último bote, el comandante libera a su tripulación para que todos puedan tratar de salvar sus vidas. Muchos, sin embargo, permanecen en sus puestos, al igual que los dos operadores de radio que, a las 2:17 horas, ya con el agua en los pies, mandan el último SOS del Titanic.

Bote salvavidas plegable transportando los últimos supervivientes del Titanic, abril de 1912.

Al mismo tiempo, para los pasajeros de los botes, el espectáculo es indescriptible. La popa con sus hélices está ahora fuera del agua y, con un ruido ensordecedor, se oye cómo todas las instalaciones del Titanic se deslizan hacia adelante. A las 2:17 horas, mientras la popa se eleva a aproximadamente 45°, las luces comienzan a parpadear antes de apagarse de forma permanente, después de lo cual las primeras dos chimeneas se derrumban a su vez. Pocos segundos después, bajo la presión extrema que genera el naufragio, el casco del mayor transatlántico del mundo se rompe en dos entre la tercera y cuarta chimenea con un estruendo ensordecedor. La proa comienza entonces su larga caída hacia el abismo, mientras que la popa levantada verticalmente se despide a modo de reverencia. A las 2:20 horas, el casco gravado con el nombre del Titanic desaparece en el océano.

El Titanic naufragando, 1912.

El barco se lleva consigo a cientos de pasajeros hacia el fondo del mar. Para los otros, el calvario está lejos de terminar. Pidiendo ayuda a gritos sin descanso, se encuentran nadando en un agua a -2 °C, lo que les somete a una lenta agonía. Entre los supervivientes de botes salvavidas, el miedo de volcar pesa más que el deseo de ayudar a los demás. Solamente un bote regresa en busca de supervivientes después de más de una hora de espera. Cuatro personas, entre los cientos de cadáveres, son rescatadas. Finalmente, alrededor de las 4:00 horas, las luces de la Carpathia aparecen para los últimos supervivientes. El último superviviente no montará en el barco hasta las 8:10 horas. La tragedia es enorme: de las 2200 personas que viajaban en el Titanic, solamente habrían sobrevivido 700.

REPERCUSIONES

SE REFUERZA LA SEGURIDAD

A ambos lados del Atlántico, la tragedia del Titanic suscita una enorme conmoción. A partir del 19 de abril de 1912, el día siguiente a la llegada de los supervivientes a bordo del Carpathia, una comisión de investigación americana investiga la catástrofe. Pocas semanas después, sigue sus pasos la comisión de investigación del British Board of Trade, el comité encargado de la legislación sobre el comercio, en especial marítimo.

La comisión americana se mostrará mucho más estricta que el comité británico con los propietarios del transatlántico, reprochándole entre otros a Joseph Bruce Ismay haber sobrevivido mientras tantos otros murieron. Sin embargo, las dos investigaciones llegan a conclusiones relativamente parecidas. Aunque la concepción del Titanic no se cuestiona, la idea del barco insumergible se abandona para siempre. Asimismo, se reconoce que el barco no disponía de suficientes botes salvavidas y que, además, iba demasiado rápido. No obstante, la falta de botes no infringía la legislación, y el comandante Smith es exculpado de las acusaciones de negligencia. Sin embargo, las comisiones encuentran un chivo expiatorio: se trata de Stanley Lord (1877-1962), el comandante del Californian. En esa época, todos piensan que su barco es el barco fantasma que ignoró las llamadas de socorro del Titanic. No será hasta el descubrimiento de la posición de los restos que el comandante, desacreditado, será rehabilitado, aunque tiempo después de su muerte.

En vista de la catástrofe, las naciones y las compañías marítimas extraen unas enseñanzas que terminan por imponerse. Las autoridades, de esta forma, exigen el establecimiento de nuevas normas de seguridad para el transporte marítimo. Las rutas transatlánticas se modifican: los navíos tendrán que pasar ahora más por el sur para evitar los hielos a la deriva. Además, tendrán que disponer de un número de botes salvavidas con capacidad suficiente para toda la tripulación y pasajeros. Asimismo, durante los viajes, los comandantes estarán obligados a realizar ejercicios de salvamento y de evacuación para que todo el mundo esté preparado en caso de emergencia. Finalmente, el telégrafo y luego la radio se vuelven obligatorios, con operadores siempre presentes para los navíos con capacidad para más de 50 personas.

El naufragio del Titanic conlleva también la organización de varias conferencias sobre la seguridad en el mar. A finales del año 1913, los principales países dependientes de la navegación en el norte del Atlántico se ponen de acuerdo para crear la Patrulla Internacional del Hielo. Este organismo, que funciona desde 1912 por iniciativa de la marina americana, se encarga de patrullar y de vigilar en el Atlántico noroeste los avances de la banquisa y la deriva de los icebergs. Si fuese necesario, los navíos situados en la zona son informados y desviados por la patrulla para evitar cualquier accidente. La Patrulla Internacional del Hielo, que todavía hoy funciona y cuenta con mejores recursos como los aviones, reúne a 17 países. El éxito del organismo es absoluto. Hasta hoy, no se tiene noticia de ningún otro accidente causado por la colisión de un iceberg en el noroeste del Atlántico.

EL NACIMIENTO DE UN MITO

La tragedia del Titanic ha quedado en la memoria colectiva hasta el punto de que hoy en día todavía alimenta el imaginario. En 1912, la prensa es la primera que se hace eco de la noticia del naufragio. Durante días, el transatlántico está en las portadas de los periódicos, cada uno de los cuales da su explicación sobre el accidente, la lista de los pasajeros desaparecidos o salvados, sin olvidar los primeros testigos de los supervivientes. La literatura y el cine suceden a la prensa. Muy poco después de la tragedia, se publican las primeras obras escritas por supervivientes. Hasta hoy, no menos de 850 libros están dedicados al Titanic, lo que demuestra el increíble éxito de su historia.

En paralelo, más de una docena de películas narran las últimas horas del transatlántico gigante, sin contar con los documentales que se hacen sobre él. El primero sale apenas un mes después de la tragedia, el 14 de mayo de 1912, lo que provoca la indignación de los supervivientes todavía traumatizados. Algunos años después, el Titanic se convierte incluso en un objeto de propaganda nazi cuando Josep Goebbels (hombre político alemán, 1897-1945) convierte a un alemán en el héroe del naufragio, que según él salvó numerosas vidas contrariamente a los británicos, que habrían causado la perdición del navío. Pero la película que tuvo más éxito no es otra que la de James Cameron (nacido en 1954), que, en 1997, volvió a despertar el interés por el transatlántico desaparecido.

Junto con la historia, los restos del Titanic han sido igualmente objeto de todos los fantasmas. Desde los primeros años que siguieron al drama, varias empresas sueñan con hacer reflotar el navío, ya que las comisiones de investigación afirmaron que se había hundido intacto. Pero la falta de recursos tecnológicos en esa época hace que cada intento de hacerlo fracase. Los restos no se encuentran hasta los años ochenta. En 1985, el geólogo americano Robert Ballard (nacido en 1942), del instituto oceanográfico de Woods Hole, emprende a su vez la búsqueda del Titanic. Para tener más posibilidades de encontrarlo, desarrolla un aparato de exploración submarina, llamado Argo, dotado de cámaras y de un pequeño robot teledirigido llamado Jason. El buque de investigación dispone incluso de un sonar lateral. Después de un mes y medio de investigación a lo largo de una superficie de 250km², el 1 de septiembre de 1985 el Argo transmite las imágenes de los restos. Se trata indudablemente del Titanic. Los días siguientes, los investigadores descubren que la proa y la popa del transatlántico están separadas por 600 metros de esquirlas, lo que cuestiona las conclusiones de las investigaciones: el navío se despedazó durante el naufragio. El año siguiente, una nueva expedición lleva esta vez a pasajeros en submarinos. Por primera vez después del drama, hay hombres que ven al transatlántico en directo. Desde entonces, tienen lugar decenas de expediciones, que llevan miles de objetos a la superficie, desde simples trozos de carbón hasta una inmensa placa de chapa del casco.

Hoy en día, los restos del Titanic están en camino de la desaparición, roídos por el mar y las corrientes marinas, pero el esplendor del transatlántico que despertó tanta admiración en su época, al igual que su historia, quedará grabado en las memorias para siempre.

Vista de la proa de los restos del Titanic, junio del 2004.

EN RESUMEN

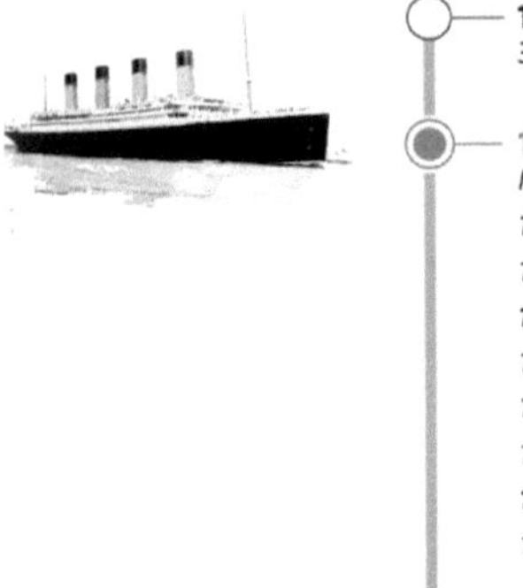

1909
31 mar.: inicio de la construcción del Titanic

1912
Mar.: fin de las obras
10 abr.: viaje inaugural del Titanic
14 abr.: advertencias sobre los hielos a la deriva
***14 abr., 23:40 horas*: los vigilantes divisan un iceberg**
15 abr., 00:45 horas: el primer bote salvavidas zarpa
15 abr., 2:05 horas: el último bote es lanzado al agua
15 abr., 2:17 horas: las luces del Titanic se apagan
***15 abr., 2:20 horas*: el Titanic se hunde**
15 abr., 4:00 horas: llegada del Carpathia

- Para hacerle la competencia a los navíos Lusitania y Mauretania de la compañía Cunard, Joseph Bruce Ismay, presidente de la White Star Line, lanza el proyecto en 1907 de construir tres transatlánticos gigantes, uno de los cuales será el Titanic.
- La construcción del gigante empieza el 31 de marzo de 1909 en los astilleros Harland & Wolff de Belfast. Las obras se acaban tres meses después, en marzo de 1912, convirtiendo al Titanic en el transatlántico más grande y lujoso del mundo.
- El viaje inaugural del Titanic empieza el 10 de abril de 1912 en Southampton. El transatlántico evita allí por poco una colisión con el New York, cuyas amarras se rompen. A continuación, pasa por Cherbourg y Queenstown para

embarcar a los últimos pasajeros antes de la travesía del Atlántico.

- A las 13:30 horas del 11 de abril, el Titanic se aleja de las costas de Irlanda en dirección hacia Nueva York. El tiempo es espléndido durante los tres días siguientes.
- En el oeste, sin embargo, la situación parece que será más problemática debido a la presencia de numerosos icebergs.
- El domingo 14 de abril, se intensifican las advertencias sobre hielos a la deriva en la trayectoria del Titanic. Sin embargo, el comandante mantiene la velocidad del navío y cree que podrá esquivar cualquier peligro.
- Sin embargo, debido a las malas condiciones de visibilidad, a las 23:40 horas los vigilantes se dan cuenta demasiado tarde de la presencia de un iceberg.
- El oficial de guardia, alertado inmediatamente, desvía el navío, hace que lo detengan y pide que se dé marcha atrás. Pero el Titanic, a causa de su peso, reacciona con demasiada lentitud. El casco rasca el hielo sumergido del iceberg a estribor. La presión provoca que se abran varias brechas.
- El comandante Smith y el arquitecto Thomas Andrews constatan entonces la gravedad de los daños. Cinco compartimentos del casco han resultado afectados, mientras que el transatlántico solamente puede soportar cuatro compartimentos inundados: el Titanic está condenado. Mientras que en el barco van 2200 personas, solamente hay 1178 plazas disponibles en los botes salvavidas.
- Inmediatamente se ordena la evacuación del barco, y se mandan señales de socorro a todos los barcos que se encuentran cerca. A las 00:45 horas zarpa el primer bote

salvavidas. El último baja al mar a las 2:45 horas. Durante este tiempo, el navío se inclina cada vez más hacia adelante, hasta alcanzar un ángulo de 45°.

- A las 2:17 horas, las luces del Titanic se atenúan y terminan apagándose definitivamente. Las dos primeras chimeneas se desploman, aplastando a decenas de personas. Finalmente, bajo la presión colosal del naufragio, el transatlántico se parte en dos, entre la tercera y la cuarta chimenea. La proa se hunde mientras que la popa se pone en posición vertical, hasta hundirse a su vez a las 2:20 horas.

- Entonces, los centenares de pasajeros todavía a bordo se hunden con lo que queda de la nave, o se ven lanzados a un agua glacial sin ayuda. Entre los cadáveres, solamente se logra rescatar vivas a cuatro personas del agua, tras más de una hora de espera.

- El Carpathia llega para socorrer al Titanic sobre las 4:00 horas. Hasta las 8:10 horas no montará en él el último superviviente.

¡Tu opinión nos interesa!
¡Deja un comentario en la página web de tu librería en línea,
y comparte tus favoritos en las redes sociales!

PARA IR MÁS ALLÁ

FUENTES BIBLIOGRÁFICAS

- Béchu, Jean-Pierre. 1980. *La Belle Époque et son envers. Quand la caricature écrit l'histoire*. Monte-Carlo: Sauret.
- Colectivo. 1987. *Les paquebots. Histoire d'un siècle. 1843-1944*. En *Les Grands Dossiers de l'Illustration*. París: Le Livre de Paris.
- Howells, Richard Parton. 1999. *The Myth of the Titanic*. Nueva York: St. Martin's Press.
- Masson, Philippe. 1998. *Le Titanic*. París: Tallandier.
- Peillard, Léonce. 1972. *Sur les chemins de l'océan. Paquebots 1830-1972*. París: Hachette.
- Pierre, Michel. 1999. *1900/1910. Une presque Belle Époque*. París: Gallimard.
- Riffenburgh, Beau. 2008. *Toute l'histoire du Titanic: la légende du paquebot insubmersible*. Bagneux-Bruselas-Zúrich: Reader's Digest.

FUENTES COMPLEMENTARIAS

- Colectivo. 2007. "La révolution industrielle et l'apparition du grand capitalisme". En *Histoire universelle. Le XIXe siècle en Europe et en Amérique du Nord*, tomo 17. París: Hachette.
- Colectivo. 2007. "Positivisme et science expérimentale". En *Histoire universelle. Le XIXe siècle en Europe et en Amérique du Nord*, tomo 17. París: Hachette.
- Eaton, John P. y Charles A. Haas. 1998. *Titanic: Triumph and Tragedy*. Nueva York-Londres: Patrick Stephens.

- Hutchings, David y Richard de Kerbrech. 2012. *Titanic 1909-1912. Les secrets de la construction du Titan des mers.* Antony: Etai.
- Lagier, Rosine. 2012. *Tragiques destins des paquebots transatlantiques.* Rennes: Ouest-France.
- Lord, Walter. 1958. *La nuit du Titanic 14-15 avril 1912.* París: Laffont.

FUENTES ICONOGRÁFICAS

- Thomas Edison y su fotógrafo, 1878. © Levin C. Handy.
- Ford T, 1910. © Harry Shipler.
- Edward John Smith, 1912. La imagen reproducida está libre de derechos.
- Joseph Bruce Ismay, 1912. La imagen reproducida está libre de derechos.
- Salida del Titanic desde Southampton, 10 de abril de 1912. © Francis Godolphin Osbourne Stuart.
- Bote salvavidas plegable transportando los últimos supervivientes del Titanic, abril de 1912. Foto tomada por uno de los pasajeros del Carpathia, el barco que respondió a la llamada de ayuda del Titanic. La imagen reproducida está libre de derechos.
- El Titanic naufragando, 1912. © Willy Stöwer.
- Vista de la proa de los restos del Titanic, junio del 2004. La imagen reproducida está libre de derechos.

PELÍCULAS Y DOCUMENTALES

- *Atlantique, latitude 41°* (*A Night to Remember*). Dirigida por Roy Ward Baker, con Frank Lawton, Michael

Goodliffe y Laurence Naismith. Reino Unido: 1958.
- *Les Fantômes du* Titanic. Documental de James Cameron, con Bill Paxton, John Broadwater y Lori Johnston. Estados Unidos: 2003.
- *Titanic*. Dirigida por James Cameron, con Leonardo DiCaprio, Kate Winslet y Billy Zane. Estados Unidos: 1997.
- *Titanic: de sang et d'acier*. Serie de televisión de Ciaran Donnelly, con Neve Campbell, Kevin Zegers y Matthew Faulk. Francia-Canadá-Italia-Irlanda: 2012.
- *Titanic: l'Ultime Scénario*. Documental de Herlé Jouon. Francia: 2012.

MUSEOS Y MONUMENTOS CONMEMORATIVOS

- Astilleros Harland & Wolff, Irlanda.
- Restos del Titanic (Atlántico Norte, 41° 43' 57''N ; 49°56'49''O).
- Monumento conmemorativo del Titanic en Belfast, Irlanda.
- Monumento conmemorativo del Titanic en Nueva York, Estados Unidos.
- Museo Titanic de Belfast, Irlanda del Norte.
- Museo Titanic en Indiana Orchard, en Massachusetts, Estados Unidos.

en50MINUTOS.es
Historia
Economía y empresa
Coaching
EL DIAGRAMA DE ISHIKAWA
Material Método Máquina
Madre Naturaleza Medida Hombres
LA GUERRA DE PALESTINA DE 1948
DOMINA EL ARTE DEL NETWORKING